VERLAG ANTJE
KUNSTMANN

Christian Maintz

Liebe in Lokalen

Gedichte

Verlag Antje Kunstmann

Inhalt

Wort und Sinn

Der Geist des Weines

Der Dichter schreibt die erste Zeile
Aufs Blatt und leert ein Gläschen Wein,
Blickt sinnend eine ganze Weile
Ins Nichts und schenkt sich noch eins ein.

Wie soll die zweite Zeile lauten?
Er will sie leuchtend und prägnant.
Der Dichter dreht den arg zerkauten
Und stumpfen Stift in seiner Hand.

Der Dichter träumt von Kostbarkeiten
Des Reims, des Bildes und des Sinns;
Ein drittes Gläschen folgt dem zweiten,
Dann lutscht er noch ein Pfefferminz.

Die erste Zeile klingt nicht übel,
Er deklamiert sie strikt im Takt;
Danach versinkt er in Gegrübel.
Ob er die zweite Zeile packt?

Ein viertes Gläschen soll es richten,
Der Dichter fühlt sich angeregt;
Der Geist des Weines hilft beim Dichten,
Das ist seit Goethe oft belegt.

Ein Einfall! Jaaa! Ein schlicht brillanter!
Er schreibt ihn hin, hört schon Applaus …
Doch halt, das stammt aus Rilkes *Panther*!
Er streicht die Zeile wieder aus.

Der Dichter flucht und kippt den vierten,
Dann fünften, siebten, zehnten Wein,
Er kotzt und schläft auf dem verschmierten,
Doch weichen Teppichboden ein.

Der Mond erhellt mit mildem Schimmer
Die Szene, bis er weiterkreist;
Es riecht entschieden streng im Zimmer;
Die erste Zeile bleibt verwaist.

Leseerlebnis

Ich habe da kürzlich ein Buch gelesen,
Es handelt vom Letzten der Irokesen
Beziehungsweise der Mohikaner,
Molukken, Bayern oder Albaner.

Ich glaube, das Werk hieß *Krieg und Frieden*,
Es spielte jedenfalls im Süden
Des Kongo. Oder war es im Norden?
Ich bin daraus nicht schlau geworden.

Der Name des Helden war Wilhelm Meister,
Ein hochkultivierter und weit gereister
Experte für Nahkampf und andere Dinge,
Besonders exotische Schmetterlinge.

Im Leben nicht vergesse ich jene
So ungemein spannende Schlüsselszene,
Als Wilhelm und die sieben Schwaben
Die schöne Dingsbums gerettet haben

Und er ihr gesteht unter Tränen und Küssen,
Auch ich hab' beim Lesen weinen müssen,
Er kenne die Frauen, doch sie sei von allen …
Der Rest des Satzes ist mir entfallen.

Ich liebe solche dicken Schinken,
Man kann so richtig darin versinken
Und fühlt sich trotzdem zugleich erhoben;
Ihr müsst das selber mal erproben.

Wer schrieb nun jenen Psychothriller?
Karl May? Courths-Mahler? Friedrich Schiller?
Jetzt fällt es mir ein: Der Mann hieß Cooper;
In jedem Fall: Das Buch war super.

Briefe deutscher Denker
Folge 1: Immanuel Kant

Kant schrieb einst an Mendelssohn
(Denn noch war das Telefon

Nicht erfunden): »Lieber Moses,
Heut' ist mir was Kurioses

Widerfahren; lies und staune
Ob des Schicksals kecker Laune.

Heute Mittag um halb eins
Aß ich Sauerkraut mit Schweins-

keule und Kartoffelbrei;
Zwiebeln waren auch dabei.

Doch der Clou kam hinterher:
Ein Mirakel von Dessert!

Unter uns, ein gutes Essen
Lässt mich jede Pflicht vergessen.

Was ist schon Vernunftkritik
Gegen Ente in Aspik?

Was sind alle Deduktionen
Gegen Hammelfleisch mit Bohnen?

Was sind schließlich Ruhm und Größe
Gegen Königsberger Klöße?

Doch zurück zu dem Dessert;
Es zu schildern fällt mir schwer:

Glaub mir, Moses, nie vordem
Hat mich eine Erdbeercreme

So begeistert, so beglückt,
So dem Raum, der Zeit entrückt.

Ein Geschmack! So fruchtig-süß
Und so cremig überdies!

Schon der erste Löffel war
Ein Erlebnis, wunderbar,

Schier erhaben, ja vollkommen,
Anfangs war ich ganz benommen,

Dann jedoch durchfuhr es mich:
So schmeckt nur das Ding an sich;

Dieses ist das Absolute,
Ist die Wahrheit. Ich vermute,

Wenn ich auch kein Fachmann bin:
Da war reichlich Sahne drin.

Wie auch immer, bleib gesund,
Grüß mir Deine Gattin und

Lass mal von Dir hören, gell?
Herzlich, Dein Immanuel.«

Briefe deutscher Denker
Folge 2: Friedrich Nietzsche

I

Nietzsche schrieb an Overbeck:
»Franz, mein Essbesteck ist weg!

Und der Dieb bist Du! Gib's zu!
Oder war es Fräulein Lou?«

II

Nietzsche schrieb der schönen Lou:
»Ach, mein Herz kennt keine Ruh',

Tag und Nacht und immerzu
Denk' ich Dein, geliebte Lou.

Kommst Du morgen, holde Lou,
Gegen neun zum Rendezvous?

Keine liebt so heiß wie Du,
Only you, my Darling Lou.

Klappt es nicht, oh süße Lou,
Send' mir bitte ein Dessous

Oder auch zwei Stöckelschuh',
Schick's neutral verpackt mir zu.

Ach, seit gestern, liebe Lou,
Frag' ich mich und ruf' Dir zu:

Willst Du mich verlassen, Lou?
Komm zurück, Du dumme Kuh!

Lou, ich bin verrückt for you,
Lou, my Lou, das ist kein Schmu,

Was ich denk' und was ich tu,
Immer bist da Du, ach Lou.

Hast Du noch das Arsch-Tattoo?
Küssen wollt' ich's immerzu.

Du, nur Du, oh Lou-la-Lou,
Du, mein kleines Lou-Filou.

Lou, min Fru, my Baby Blue,
Ach, Du kriegst die Tür nicht zu …

Hip und Hop und Schubidu,
Herz, mein Herz, gib endlich Ruh'!«

III

Nietzsche schrieb an Paulchen Rée:
»Magst Du Hühnerfrikassee?«

Hierauf schrieb ihm Fräulein Lou:
»Paul isst lieber Kalbsragout.«

Briefe deutscher Denker
Folge 3: Niklas Luhmann

Luhmann schrieb an Habermas:
»Heißa, macht das Denken Spaß!

Deshalb hab' ich letzte Nacht
Zehn Minuten nachgedacht,

Dachte hin und dachte her
(So was fällt mir gar nicht schwer),

Bis ich – schwuppdiwupp – ein brand-
neues Paradigma fand,

Eins, das sich gewaschen hat;
Habermas, da bist Du platt!

Es Dir freilich zuzuschicken,
Den Gedanken kann man knicken;

Das entbehrte jeden Zwecks,
Denn es ist enorm komplex.

Kurz, mein Alter, schlicht um schlicht:
Du kapierst es einfach nicht.«

Habermas schrieb anderntags:
»Wenn Du Ärger willst, dann sag's!

Kommst Du mal nach Frankfurt/Main,
Semmel' ich Dir eine rein.

Dass ich sonst Gewalt negiere,
Lieber friedlich diskutiere,

Weiß man zwar in aller Welt
(Selbst im öden Bielefeld),

Doch ich könnte Dich erwürgen!
Nach Diktat beleidigt, Jürgen.«

Die Rede

Der Redner trat ans Rednerpult
Und bat die Menge um Geduld.

Er werde gleich die Fragen klären,
Die uns bedrängten – als da wären:

Die Erderwärmung, den globalen
Ressourcenschwund, die Landtagswahlen

In Rheinland-Pfalz, die Schuldenfalle,
Das Rauchen in der Pausenhalle,

Das allgemeine Unbehagen.
Dann werde er noch etwas sagen

Zum späten Orgelwerk von Bach
Und last not least zum Ehekrach

Von Edeltraut und Werner P. aus Gießen;
Doch müsse er fürs Erste schließen

Und mache nur noch kurz publik:
Jetzt komme erst mal Blasmusik.

Bekenntnisgedicht

Dichtung handelt von Gefühl,
Dient dem Dichter als Ventil,

Mag er lieben oder hassen,
Sein Gefühl herauszulassen.

Auch der Autor dieser Zeilen
Hat euch etwas mitzuteilen,

Will in wohlgereimten Knitteln
Allen das Gefühl vermitteln,

Das mich damals übermannte,
Als ich meine Patentante

Nur in Strümpfen und in Strapsen
Durch die Erdbeerbeete tapsen

Sah mit Vaters Luftgewehr …
Das gehöre nicht hierher?

Gehe keinen etwas an?
Überhaupt sei gar nichts dran?

Mutter, lass mich bloß allein!
Misch dich nicht schon wieder ein!

Stop! Sonst werd' ich rigoros …
Mutter, lass den Laptop los!

Nein, den Stecker ziehst du nicht …
Mutter, dies ist *mein* Gedicht!

Ein Philosophenstreit

Schopenhauer ging mit Hegeln
Eines schönen Abends kegeln.

Hegel tat den ersten Stoß,
Und die Kugel rollte los,

Traf ihr Ziel mit lautem Krach,
Alle neune lagen flach.

Schopenhauer suchte nun
Rasch es Hegel nachzutun;

Seine Kugel freilich rollte
Ganz und gar nicht, wie sie sollte:

Alle Kegel blieben stehen,
So als wäre nichts geschehen.

Doch was das Fatalste war,
War des Gegners Kommentar;

Hegel sprach: »So ist das Leben,
Knapp vorbei ist auch daneben.«

Schopenhauer, leicht pikiert,
Hat mit Schweigen reagiert.

Doch sein zweiter Kegelball
Brachte wieder nichts zu Fall.

Hegel feixte: »Junger Mann,
Auf den *Willen* kommt es an!«

Schopenhauer, fahl wie Asche,
Ballt' die Fäuste in der Tasche.

Freilich, auch beim dritten Mal
War sein Misserfolg total.

Hegel sagte nichts. Doch dann
Fing er laut zu kichern an.

Schopenhauer, tief gekränkt,
Brummte nur: »Geschenkt, geschenkt.«

So vergingen viele Stunden,
Und nach fünfzehn Kegelrunden

Führte Hegel zwölf zu drei.
Lächelnd sprach er noch dabei:

»Dieses ist nicht ungewöhnlich,
Denn der Weltgeist höchstpersönlich

Führt mir schon seit je die Hand,
Daher bin ich so brillant.

Nichts für ungut, junger Mann,
Jeder spielt, so gut er kann.«

Schopenhauer, rot vor Wut,
Packte hastig seinen Hut.

Später dann, allein zu Haus,
Ließ er seinen Ärger raus,

Und er brüllte: »Dieser Hegel!
Dieser Flachkopf, dieser Flegel!

Diese rohe Biervisage
Bringt den klügsten Kopf in Rage!

Überhaupt, das Kegelspiel!
Töricht! Albern! Infantil!

Weltgeist! Wenn ich das schon höre!
Warte, Hegelchen, ich schwöre,

Über deine Dreistigkeit
Gebe ich der Welt Bescheid!«

Also schäumte Schopenhauer;
Ja, sein Ton, der war ein rauer.

Früh am Morgen, mit der Feder,
Zog er dann erst recht vom Leder.

Wer es nachliest, wird bemerken,
Dass in Schopenhauers Werken

Hegel und das Kegelschießen
Wenig Sympathie genießen.

Gespräche mit Goethe
Folge 1

Schiller sprach, er finde Kant
Fulminant und sehr prägnant.

Goethe dachte lange nach
Und versetzte endlich: »Ach!«

Lessing, meinte Schiller jetzt,
Sei doch ziemlich überschätzt.

Goethe griff zum Glas Bordeaux,
Trank und brummte dann: »Soso!«

Schlegel, tat nun Schiller kund,
Sei ein rechter Schweinehund.

Goethe nahm noch einen Schluck,
Dann bemerkte er: »Na guck!«

Lenz, so Schiller, sei passé,
Goethe gab zurück: »Ach nee!«

Hölderlin sei leider halt,
Ätzte Schiller, durchgeknallt.

Goethe sagte nichts, stattdessen
Hat er eine Wurst gegessen.

Kleist, rief Schiller, sei der Größte.
Goethe, der inzwischen döste,

Wachte auf und sprach: »Na fein.«
Hierauf schlief er wieder ein.

Gespräche mit Goethe
FOLGE 2

Goethe sprach dereinst zu Kleist:
»Lieber Heinrich, wie du weißt,

Schätze ich dein Werk enorm,
Deine Sprache, deine Form;

Doch vor allem dein Humor
Kommt mir einzigartig vor.

Über deine *Hermannsschlacht*
Hab' ich mich halb totgelacht.

Auch das *Käthchen von Heilbronn*
Und der *Prinz von* Dings … äh *von*

Homburg oder wie der heißt
Sind zum Brüllen. Wirklich, Kleist,

Deine schrägen Gags und Witze
Sind schon absolute Spitze;

Solche irren Blödeleien
Findet selbst die Stein zum Schreien.

Freilich, der *Zerbrochne Krug*
Ist mir nicht absurd genug.

Heinrich, guck nicht so bedrückt,
Dieses Stück ist dir missglückt;

Hör gut zu, damit du's lernst,
Das ist alles viel zu ernst;

Keine Pointen, keine Lacher,
Glaub mir, als Theatermacher

Sag' ich dir ganz rückhaltlos:
Nur im Nonsens bist du groß.«

Gespräche mit Goethe
FOLGE 3

»Ach«, so stöhnte Goethe eines
Abends, als ein Gläschen Weines

Er mit Eckermann zu leeren
Im Begriffe stand, »entbehren

Sollst du … sollst … beziehungsweise …«
Goethe schwieg und malte Kreise

Auf den Tisch und akkurate
Ziemlich winzige Quadrate,

Denn ihm fiel partout nichts ein.
Erst beim übernächsten Wein

Ward er wieder kecker dann,
Und er sprach zu Eckermann:

»Junger Freund, ich frage mich,
Hab' ich Ihnen eigentlich

Schon mal was von *Rom* erzählt?«
Jener nickte leicht gequält.

»Nun«, so legte Goethe los,
»Rom ist einfach grandios!

Oh, ich trieb es bunt am Tiber,
Denn da ging es rund, mein Lieber;

Ach, in Rom, da tanzt der Bär.
Wenn man noch mal vierzig wär'!

Ja, mein Sohn, ich säße gerne
Frisch wie einst in der Taverne,

Dort, wo in verweg'nem Kreise
Man ganz ungewohnterweise,

Mit Prosecco angefüllt,
Liederliche Lieder brüllt,

Wo mit Laura oder Clara
Man Spaghetti carbonara,

Käse und Oliven isst,
Kürbisrunde Brüste küsst.

Nun, mein guter Eckermann,
Hört sich das nicht lecker an?

Später dann, im Lotterbett,
Liebt man sich von A bis Z,

Nicht symbolisch, nicht abstrakt,
Nein, ganz splitterfasernackt!

Holdes, atemloses Toben!
Laura unten, Clara oben,

Goethe immer mittendrin.
Menschenskind, dahin, dahin

Möcht ich gern mal wieder ziehn!
Weimar wird noch mein Ruin,

Dies' verschnarchte Nest – es nervt
Kolossal, und zwar verschärft!

Eckermännchen, sag doch bloß:
Wo ist hier nach zehn was los?

Nightlife? Atmo? Pustekuchen!
So was kannst du lange suchen,

Und das Weib in unsern Breiten
Lässt sich schwer zur Lust verleiten;

Ach, mich ödet, Eckermann,
Frau von Steins Gemecker an.

Glaube mir, ich hab' sie satt,
Unsre hehre Musenstadt;

Sieh dir nur mal, Eckermann,
Diese Speichellecker an,

All die Fürsten, Fans und Schranzen,
Die mich täglich hier umtanzen;

Und auch du, oh Eckermann,
Gehst mir auf den Wecker, Mann.«

Gespräche mit Goethe
Folge 4

Goethe rühmte einst bei Tische
Jene holde, zauberische

Macht der Dichtkunst, die so heiter
Uns erhebe usw.

Hierauf wollte er mal eben
Zwischendurch sein Glas erheben,

Stieß es aber – ach, wie dumm! –
Um.

Weh! Des Sängers Samtpullunder
Ward getränkt mit Spätburgunder;

Auch vom Tischtuch, vom Jackett
Tropft' es dunkel aufs Parkett.

Humboldt, Voß und Frau von Stein
Blickten recht betreten drein,

Und im Anschluss sah man Goethen
Selbst burgundertief erröten.

Gespräche mit Goethe
FOLGE 5

Einmal hatte nach dem Essen
Goethe ganz und gar vergessen,

Wer er sei und wie er heiße,
Und da dachte Goethe: »Scheiße«;

Und dann saß er ziemlich dumm
Fünf Minuten nur so rum,

Und er starrte in sein Bier.
Plötzlich klopft' es an der Tür,

Und herein trat Frau von Stein,
Und da fiel's ihm wieder ein.

Kleines ABC des Allgemeinwissens

Die Armut herrscht in fernen Ländern,
Ein Adjektiv ist etwa *laut*,
Der Arzt kann häufig auch nichts ändern,
Das All bewohnt der Astronaut.

Bad Schwartau liegt bei Travemünde,
Das Blesshuhn nistet gern im Ried,
Die Beichte reinigt von der Sünde,
Der Brechreiz hemmt den Appetit.

Das Chromosom dient der Vererbung,
Mit Curry würzt man Hähnchenbrust,
Der Cowboy reitet für die Werbung,
Der Cunnilingus spendet Lust.

Die Diskussion führt selten weiter,
Dem Dachs wird Frechheit unterstellt,
Wer Dumm ist, ist auch meistens heiter,
Das Ding an sich bleibt unerhellt.

Die Ehe wird zumeist geschieden,
Der Esel hat ein graues Fell,
Im Enddarm wuchern Hämorriden,
Das Ende kommt mitunter schnell.

Der Frosch besiedelt Feuchtgebiete,
In Franken wächst ein süßer Wein,
Der Freitod spart die Monatsmiete,
Die Frau liest selten Wittgenstein.

Der Gecko jagt an Wand und Mauer,
Der Götter Sitz ist Griechenland,
Der Glockenapfel schmeckt recht sauer,
Der Gral ist meistens nicht zur Hand.

Ein weißer Hamster heißt Albino,
Der Hammer ist ein Schlaggerät,
Den Helden trifft man nur im Kino,
Die Hilfe kommt recht oft zu spät.

Der Iltis führt ein Räuberleben,
Im Iglu wohnt der Eskimo,
Der Interpret liegt meist daneben,
Der Interviewer sowieso.

Wenn wir auch täglich Joga üben
Und Jiu-Jitsu noch dazu:
Die Jugend weicht in schnellen Schüben,
Am Jordan stehst zum Schluss auch du.

Im Kongo isst man Schlangenbraten,
Das Koffein macht nervenschwach,
Diverse Kinder und Kantaten
Erzeugte einst der Kantor Bach.

Der Lodenmantel stammt aus Bayern,
Das Leben vielgestaltig ist,
Das Lachen stört bei Trauerfeiern,
Für Latex schwärmt der Fetischist.

Die Musketiere sind zu vieren,
In Mali fällt nur selten Schnee,
Auch Mozart musste urinieren,
Ein Messerstich tut ziemlich weh.

Der Ninja ist Spion und Krieger,
Die Nymphen zeugte Vater Zeus,
Das Nilpferd finden wir am Niger
Und nicht in Nürnberg oder Neuss.

Ist man im On, ist man zu sehen,
Die Oma backt die besten Keks',
Die Ohnmacht hindert uns am Stehen,
Odysseus war viel unterwegs.

Der Papst ist Jesu Stellvertreter,
Der Poltergeist macht gern Rabatz,
Des Pottwals Penis misst drei Meter,
Der Punkt beendet einen Satz.

Das Quallenvolk ist zweigeschlechtlich,
Ein Vierteljahr heißt auch Quartal,
Die Qualität schwankt oft beträchtlich,
Die Quintessenz ist meist fatal.

Der Romancier verfasst Romane,
Der Reim verschönert das Gedicht,
Der Rum verursacht eine Fahne,
Wer Rülpst, verlässt den Unterricht.

Der Schäferhund heißt meistens Hasso,
Die Schweiz erstreckt sich bis nach Genf,
Strawinsky sprach einst zu Picasso:
»Ach Pablo, reich mir mal den Senf.«

Der Thunfisch rasch durchs Wasser gleitet,
Der Trinker torkelt und krakeelt,
Die Torheit ist recht weit verbreitet,
Das Thema wird zumeist verfehlt.

Im Urwald haust der schwarze Panther,
Zur Unzucht braucht's den Unterleib,
Der Urlaub macht uns nicht entspannter,
In Ulm ermüdet der Verbleib.

Venedig gilt als überteuert,
Vierfüßig ist der Nasenbär,
Verliebte handeln triebgesteuert,
Das Verbum »Vögeln« ist vulgär.

Der Weihnachtsmann reist meist per Schlitten,
Der Walzer steht im Dreiertakt,
Die Willensfreiheit ist umstritten,
Das Walross paart sich splitternackt.

Aus Xanten stammt der Drachentöter,
Des Xerxes Haus war imposant,
Xanthippe neigte zu Gezeter,
Professor X ist ein Mutant.

Die Yucca-Palme braucht viel Wasser,
Der Yak hat Haare bis zum Knie,
Der Yeti ist Touristen-Hasser
Und zeigt sich selten oder nie.

Das Zahnweh kommt meist ungelegen,
Die Zecke macht uns auch Verdruss,
Auf Zwickau selbst ruht Gottes Segen,
Die Zeit enteilt, und schon ist Schluss.

Flora und Fauna

Im Mai

Die Amsel singt, die Veilchen blühen,
Die Bienen schwärmen mit Gesumm,
Am Himmel rosa Wolken ziehen,
Der Maulwurf pflügt den Rasen um.

Die Schwalben nisten allenthalben,
Im Acker keimt die junge Saat,
Die Birke grünt, die Kühe kalben,
Die Schnecke wildert im Spinat.

Die Unken paaren sich im Weiher,
Der Rettich reift, ein Lüftchen weht;
Im Sexshop ordert Willi Meier
Ein großes, buntes Maipaket.

Das Wiesel

Das Wiesel ist ein kleines Tier,
Es geht mir grade mal bis hier,
Das Wiesel.

Das Wiesel ist durchaus nicht dumm,
Es wieselt wieselflink herum,
Das Wiesel.

Das Wiesel trägt ein weiches Fell,
Das steht ihm wirklich reizend, gell?
Dem Wiesel.

Das Wiesel eilt von Ast zu Ast,
Es hat noch nie den Bus verpasst,
Das Wiesel.

Es ist nicht rund und nicht gefräßig,
Es ist ganz einfach wieselmäßig,
Das Wiesel.

Das Wiesel ist auch ein Symbol,
Nun rat mal: Wofür steht es wohl,
Das Wiesel?

Das Wiesel steht, auf seinem Ast,
Für alles, was du gerne hast
Hienieden:

Für Anmut, Weisheit, Erdbeerbowle,
Bizarre Lust und Megakohle.
Zufrieden?

Nachrichten aus Fauna und Flora

I

Der Pottwal wächst ins Uferlose,
Der Rollmops passt in jede Dose.

II

Die Palme wächst an Südseestränden,
Der Schimmelpilz an Abortwänden.

III

In kühlen, feuchten Biotopen
Begegnen selten Antilopen;
Sie schätzen mehr die heißen Tropen.
So sind sie halt, die Antilopen.

IV

Die Hausmaus frisst Tapetenkleister,
Der Weiße Hai den Bademeister.

V

Der Storch verspeist die Rotbauchunke
Meist roh und ohne Knoblauchtunke.

VI

Der Igel traf in einer Hecke
Ganz unverhofft die Weinbergschnecke;
Die Schnecke wollte noch was sagen,
Da lag sie schon im Igelmagen.

VII

Das Eichhorn hastet durch die Fichten,
Der Karpfen kann darauf verzichten.

VIII

Den Laubfrosch zählt man zu den Lurchen;
Doch sprichst du ihm davon einmal,
Dann legt er seine Stirn in Furchen
Und quakt: »Das ist mir scheißegal!«

Aus dem Liebesleben der Tiere
Heute: Das Wildschwein

Im Schwarzwald haust, bei Badenweiler,
Ein kapitaler alter Keiler.

Er streift allein durch Feld und Forst,
Sein Name aber lautet: Horst.

Der Keiler Horst hat zwei Int'ressen:
Am Tage schlafen, nächtens fressen.

Doch naht im Herbst die Brunft des Schweins,
Dann will der Keiler nur noch eins:

Ihr ahnt es schon? Na klar! Genau!
Der Keiler Horst will eine Sau.

Er will sie, und er will sie bald;
Sein Liebesschrei hallt durch den Wald.

Das klingt nicht schön und nicht subtil,
Doch Anmut ist auch nicht sein Ziel;

Des Keilers Botschaft ist recht schlicht;
Sie lautet (glaubt es oder nicht):

»Ihr süßen Sauen, drallen Bachen,
Kommt her, dann lassen wir es krachen!

Ich will euch haben, euch besitzen,
Ich bringe euch gekonnt ins Schwitzen,

Ich will euch sehen, riechen, schmecken,
Will unterm Bürzel euch belecken,

Ich will euch in die Nesseln jagen,
Vielleicht auch mal in Fesseln schlagen?

Ich will's im Schlammbad mit euch treiben,
Will meinen Leib an euren reiben,

Will euch beschlagen, euch bespringen,
Euch ranzen, rollen, in euch dringen,

Will euch mit Keilerkraft betören,
Will euer schrilles Quieken hören,

Ich will euch sanft ermatten sehen
Und will mit euch vor Lust vergehen.« –

So ruft auch heuer Horst, der Keiler;
Er wird allmählich heiser, weil er

Seit mancher Nacht vergeblich röhrt;
Noch hat ihn keine Sau erhört.

Doch plötzlich, eines Morgens früh,
Am Waldesrand, erblickt er *sie*:

Oh Wonne, sie nur anzuschauen:
Vanessa, lieblichste der Sauen!

Dies' Weib ist schlicht gebenedeit.
Und erst ihr knappes Borstenkleid!

Starr steht und stumm der starke Keiler;
Sein Puls schnellt hoch, sein Blick wird geiler.

Wo gab es je solch holdes Schwein?
Horst weiß nur eins: Die muss es sein.

Er stürmt im Schweinsgalopp herbei
Und spricht Vanessa an: »Äh, hi!

Ich bin der Horst – und wollte fragen,
Äh, also … quasi … sozusagen,

Wo heut die Sonne so schön scheint,
Ob du … äh … Sie und ich … vereint …

Zu zweit … anstatt hier rumzustehen …
Wir könnten doch ins Kino gehen …

Und hinterher … eventuell …
Ein Eis zusammen essen, gell?

Das passt heut' schlecht? Na ja, egal.
Dann tschüss! Vielleicht ein andermal …«

Aus dem Liebesleben der Tiere
Heute: Insekten

Die Assel sprach zum Tausendfüßer:
»Wie wär's denn mit uns beiden, Süßer?«

Sie wippte keck mit ihrer Tasche:
»Komm näher, dass ich dich vernasche!

Nun guck nicht so verschreckt, du Dummer;
Wir schieben schnell 'ne kleine Nummer …

Du kannst mir voll und ganz vertrauen;
Es kostet dich nur einen Blauen.

Du ahnst ja nicht, was du verpasst;
Erzähl mir, wie du's gerne hast:

Normal, oral, anal, brutal …
Das ist mir alles piepegal.

Wenn's dich in Wallung bringt, mein Bester,
Spiel' ich auch gern die Krankenschwester.

Macht dich denn wirklich gar nichts scharf,
Was deine Frau nicht wissen darf?

Mein Strumpfband ist aus reiner Seide …«
Der Tausendfüßer, weiß wie Kreide,

Entfernte wortlos sich und schnell,
Denn er war homosexuell.

Aus dem Liebesleben der Tiere
Heute: Das Rhinozeros

I

Der Nashornbulle Waldemar
Benimmt sich ziemlich sonderbar:

Er schnauft und brüllt und rammt voll Zorn
Sein ellenlanges Nasenhorn

In jeden Baum, der ihm begegnet,
Worauf es Kokosnüsse regnet.

Warum er tobt? Warum er klagt?
Er hat heut Nacht im Bett versagt.

Zwar sprach das Nashornweibchen mild:
»Mein Lieber, das ist halb so wild,

Das kann doch jedem mal passieren,
Den kleinen wie den großen Tieren,

Dass mal ein Koitus missrät;
Was zählt, ist Sensibilität!«

Doch Waldemar, in seiner Pein,
Stürmt ungetröstet querfeldein,

Rast weiter, bis die Socken qualmen,
Und demoliert wohl hundert Palmen.

II

Ein alter, weiser Marabu
Sieht Waldemar ein Weilchen zu

Und krächzt sodann: »Gemach, mein Sohn,
Die erektile Dysfunktion

Ist heilbar, so wie jede Krise,
Vermittels Psychoanalyse.

Zwar mag es sieben Jahre währen,
Bis man dein Trauma aufzuklären

Und noch die letzten trüben Stellen
Im Unbewussten zu erhellen

Vermag, doch ist es dann geschafft,
Kehrt bald zurück die Manneskraft.«

Ein zweiter greiser Marabu
Gibt gleichfalls seinen Senf dazu;

Er meckert laut: »So klappt das nie!
Iss lieber reichlich Sellerie!«

Ein dritter Vogel räuspert sich
Und äußert ziemlich feierlich:

»Du Tor, der du nach Wollust gierst
Und so zum bloßen Vieh vertierst,

Entsage! Richte Blick und Herz
Von Stund an auf- und himmelwärts!

Das Fleisch, nun ja, wohl zwickt und beißt es,
Doch wandelst du den Pfad des Geistes,

Erschließt sich dir der tiefe Sinn …
Moment mal, wo rennt der denn hin?«

III

Ja, Waldemar ist rasch entschwunden
Und hat zur Gattin heimgefunden.

Er trifft die Holde, Ann-Christine,
Im Keller, vor der Waschmaschine,

Wo sie nach einem Strumpf sich bückt –
Ein Anblick, der ihn tief entzückt.

Er löst Krawatte, Hemd und Hose
Und küsst sein Weib, das ahnungslose,

Mit lautem Schmatzen aufs Gesäß;
Die Schöne kichert demgemäß.

Prompt reißen in des Waschraums Enge
Bei beiden Gatten alle Stränge;

Sie sinken unter wildem Schnaufen
Gemeinsam auf den Wäschehaufen.

Rhinozerossens, wie im Märzen,
Beginnen munter, sich zu herzen.

In feuchter Wärme eingekesselt,
Gebärden sie sich wie entfesselt;

Da wird geschleckt, gedrückt, gepresst –
Hormone sorgen für den Rest.

Schon bebt das ganze Nashornhaus …
Doch halt, hier blenden wir uns aus

Und rufen Cut! diskret und schnell;
Wir sind ja nicht bei RTL.

Aus dem Liebesleben der Tiere
HEUTE: NAGER

Karl-Eduard, die Wanderratte,
War recht verdrießlich, denn sie hatte

Im Mai, zur schönsten Paarungszeit,
Als alles blühte weit und breit,

Sich gleich was Übles zugezogen
Und musste nun zum Urologen.

Live vom Meeresgrund

Tief im Blau des Ozeanes
Schwebe ich von Riff zu Riff;
Was ich suche? Ein spontanes
Glück – so fern von Strand und Schiff …

Sieh! Die bunten Fische alle –
Welche Farbensymphonie!
Eine rote Feuerqualle
Paart sich just mit meinem Knie.

Aus den dunklen Felsengrüften
Schiebt ein Krake sich ans Licht,
Legt den Arm um meine Hüften
Und betastet mein Gesicht.

Hungrig schlängelt die Muräne
Sich heran und demgemäß
Schlägt sie ihre spitzen Zähne
Schmerzhaft tief in mein Gesäß.

So was find' ich nicht zum Lachen;
Ich vertrage manchen Spaß,
Doch was die hier mit mir machen,
Überschreitet jedes Maß.

Angelockt von meinem Blute
Naht nun jäh ein Riesenfisch;
Sieben Meter misst der Gute,
Und der guckt so mörderisch!

Plötzlich schnappt er zu – oh Scheiße! –
Mitten in die Wade rein!
Knochen brechen, und der Weiße
Hai enteilt mit meinem Bein.

Ich will etwas nach ihm werfen,
Was? Mein Sauerstoffgerät;
Ich verliere fast die Nerven,
Als der Wurf danebengeht.

Ohnehin schon aus der Tüte,
Seh' ich, wie der Krake grient;
Und ich rufe: »Meine Güte!
Womit hab' ich das verdient?«

Wasser dringt in meine Lungen,
Heute hab' ich wirklich Pech!
Und so seh' ich mich gezwungen,
Dies Gedicht hier abzubrech …

Die Zwergmaus

Die Zwergmaus ist so winzig klein,
Von Maus kann kaum die Rede sein.

Ganz minimal ist die Distanz
Von ihrer Nase bis zum Schwanz.

Und ihre Ohren, gar die Zehen
Kannst du nur mit der Lupe sehen.

So lebt die Zwergmaus unerkannt
Millionenfach in Stadt und Land.

Sie siedelt auf den Balearen
Sowie in deinen Achselhaaren,

Mitunter auch in deinem Nabel
(Sie hat es gerne komfortabel).

Am Tage schläft die Zwergmaus viel;
Nach Mitternacht wird sie agil.

Doch ihren zarten Mäuseschritt,
Den kriegst du gar nicht richtig mit,

Zumal du pennst; die Maus indessen
Hält Ausschau nach dem Abendessen.

Ein Käsebröckchen klebt, ein rundes,
In einem Winkel deines Mundes;

Die Maus verzehrt es mit Behagen,
So füllt sie ihren Mäusemagen.

Im Anschluss nascht sie allenfalls
Noch kurz von deinem Ohrenschmalz,

Sie schlägt an deinem Muttermal
Ihr Wasser ab mit feinem Strahl

Und ruht ein wenig – zum Verdauen –
Im Dickicht deiner Augenbrauen.

Doch manchmal trifft auf deinem Kinn
Der Mäuserich die Mäuselin;

Dann mauseln beide noch und noch
In deinem linken Nasenloch.

Tierische Rassisten

Der Hase hasst die Dohle,
Denn die verdient mehr Kohle;
Das Nilpferd hasst die Maus,
Denn die sieht besser aus;
Der Hirsch hasst jedes fremde Tier –
Begründung: Es stammt nicht von hier.
Oh weh, in Wald und Flur,
Da herrscht Rassismus pur!

Der Nacktmull hasst den Dachs
Ob seines feinen Fracks;
Der Buntspecht hasst den Aal,
Denn der sei asozial;
Der Pottwal hasst den Hasenmann,
Weil der viel öfter rammeln kann.
Oh Schreck, in der Natur,
Da herrscht Rassismus pur!

Der Hamster hasst den Pfau,
(Doch liebt er dessen Frau);
Der Ohrwurm hasst das Gnu,
Denn das wählt CDU;

Der Igel hasst den Marderhund
Ganz ohne irgendeinen Grund;
Oh Mann, die Kreatur
Betreibt Rassismus pur!

Das Wiesel hasst den Hecht
Und pfeift aufs Völkerrecht;
Der Frosch ist Anarchist
Und wird vom Storch gedisst;
Der Maulwurf hasst das Walross, denn
Das Vieh ist Bayern-München-Fan.
Das ist Rassismus pur!
Nun sag: Wie kommt das nur?

Das Tier ist eben blöd,
Weil's einfach nix versteht;
Es fehlt ihm an Verstand,
Es liest zu selten Kant;
Es denkt kein bisschen rational,
Und die Moral ist ihm egal.
Der Mensch nur ist human;
So steht's im Schöpfungsplan.

Die Rebhuhnjagd

Ich ging im Walde
So kreuz und quer;
Ein Rebhuhn zu jagen,
Das war mein Begehr.

Ich fand ein Rebhuhn
Im dunklen Tann
Und legte eilig
Die Flinte an.

Ich wollte schießen,
Da sprach es leis:
»Du lieber Jäger,
Komm, lass den Scheiß!«

Es bat so innig,
Da gab ich auf;
Ich ließ mich rühren
Und senkte den Lauf.

Da zog's den Revolver
Und knallte *mich* ab;
Jetzt lieg' ich seit Stunden
Im Waidmannsgrab.

Oh Rebhuhn, du Falsches,
Dein Trachten war Mord!
Ach, hätt' ich beherzigt
Des Oheims Wort!

Er warnte mich damals,
Bevor er verblich:
»Das Waidwerk, mein Junge,
Das ist nichts für dich.

Rühr nie ein Gewehr an,
Sonst wirst du nicht alt.
Studier Informatik
Und meide den Wald!«

Mensch und Reiher

Im Elbedampfer sitzt Herr Meier;
Am Elbeufer steht der Reiher.

Herr Meier sieht den Reiher an;
Der Reiher sieht Herrn Meier an.

Der Reiher putzt sich das Gefieder.
Herr Meier schaukelt auf und nieder.

Der Reiher überfliegt die Elbe;
Herr Meier reihert in dieselbe.

Liebes- und Leibesübungen

Die Frauen

Du fragst, ob ich die Frauen mag –
Und das an einem Donnerstag?

Ja, donnerstags mag ich sie alle,
So ist das halt in meinem Falle.

Ich mag die großen und die kleinen,
Die netten und die hundsgemeinen,

Die unbedarften und die schlauen,
Die lieblich-süßen und die rauen,

Ich mag die blonden und brünetten,
Die ungeschminkten und koketten,

Die kühlen und die schnell entflammten,
Die frischen und die leicht verschrammten,

Ich mag die schwer lasziven Diven,
Die milden und die eruptiven,

Die herben und die zauberhaften,
Die festen und die schon erschlafften,

Ich mag die langen Bohnenstangen,
Die Mäuschen, Gänse und die Schlangen,

Die Pantherinnen ohnehin
Und meine Mathelehrerin,

Ich mag die stillen und die lauten,
Die wie ein Männertraum gebauten,

Die schüchternen sowie die kühnen,
Die Muttis und die androgynen,

Die holden Feen in weißem Linnen,
Die drallen Hammerwerferinnen,

Die täglich ihre Blüschen bügeln,
Die Engel mit den weichen Flügeln,

Die bangen und die burschikosen
Und die in engen Reiterhosen,

Die ohne Arg, die abgebrühten,
Ich mag die zarten Veilchenblüten,

Auch Heidekraut und die gewissen
Levkojen, Lilien und Narzissen,

Und so ein steiler Löwenzahn,
Der macht mich ganz besonders an,

Ich mag die stolzen Amazonen
Und die, die rund um Husum wohnen,

Die mir die U-Bahn-Fahrt versüßen,
Die mich mit *Na, mein Hase* grüßen,

Die mich mit Porzellan beschmeißen,
Die Lena oder Hildur heißen,

Die Biere zapfen hinterm Tresen,
Ich mag die, die Gedichte lesen,

Die auf der Matte mit mir ringen
Und die mich in den Schlummer singen,

Ich mag die sanften und die kessen,
Und – beinah' hätte ich's vergessen –

Die Tante meines Freundes Klaus
Und Daisy Duck und Minnie Mouse;

So viel kann ich für heute sagen –
Du kannst mich Freitag noch mal fragen.

ICE-Romanze

Herr Hollmann reist im ICE
Von Regensburg nach Bremen;
Er leitet am Eutiner See
Ein kleines Unternehmen.

Im Speisewagen vis-à-vis
Sitzt eine blonde Dame;
Esprit und Anmut zieren sie,
Frau Struwe ist ihr Name.

Man stellt sich vor, man plaudert, lacht,
Isst Spiegelei auf Labskaus;
Herr Hollmann strahlt und gibt zur Nacht
Noch manchen klaren Schnaps aus.

»Ich heiße Marianne. Prost!«
Verkündet keck Frau Struwe.
Herr Hollmann hebt sein Glas zum Toast:
»Auf uns! Ich bin Heinz-Uwe.«

Der ICE eilt bremenwärts
Ganz ohne Dampf und Feuer;
Was lodert, ist Herrn Hollmanns Herz –
Vor Lust auf Abenteuer.

Frau Struwe ist bald ihrerseits –
Nach sieben Slibowitzen –
Recht aufgekratzt: Sie hat bereits
Gewaltig einen sitzen.

Ein Dienstabteil steht gänzlich leer,
Kein Schaffner in der Nähe;
So kommt es zum Geschlechtsverkehr
Bei Kassel-Wilhelmshöhe. –

Es tagt. Herr Hollmann summt spontan
Ein Lied von Roland Kaiser
Und denkt: »Ich bin ein Dschingis Khan!
Ein Tier! Ein Womanizer!«

Frau Struwe sinnt: »Wo bin ich hier?
Und wer ist dieser Affe?
Ich brauche schleunig drei bis vier
Sehr schwarze Tassen Kaffee!«

Die Luft ist kühl und winterlich,
Und Regen fällt auf Bremen;
Am Bahnsteig sieben trennt man sich
In stillem Einvernehmen.

Liebe in Lokalen

Ach, wie schön ist das gewesen,
Ach, wie haben wir's genossen,
Als wir Huhn mit Sojasprossen
Aßen damals beim Chinesen.

Rührend war der seelenvolle
Blick, mit dem du mich bedachtest,
Und wie glockenhell du lachtest
Beim Verzehr der Frühlingsrolle.

Unvergessen bleibt auch jener
Abend, als ich gänzlich ohne
Hemmung nach der Minestrone
Zu dir sprach beim Italiener:

»Sei die Meine, liebste Frauke!«
Hierauf küsstest du mich innig;
Und dann widmeten wir sinnig
Uns der Entenbrust auf Rauke.

Wochen drauf, die Herbstzeitlosen
Blühten schon im Park; wir saßen
Stumm bei Kerzenlicht und aßen
Lamm in Minze beim Franzosen.

Süß und schwer war der Burgunder,
Alles schien so unausweichlich,
Und wir tranken ziemlich reichlich;
Das Dessert glich einem Wunder.

Gott, wie hab' ich dann gelitten,
Als die Liebe war zerbrochen,
Weil du dich mit jenem Jochen
Trafst zu Currywurst und Fritten!

Einkaufsblues

Neulich abend ist's gewesen,
Hier ums Eck, bei Edeka,
Als ich hinterm Aufschnitt-Tresen
Dich, du Holde, stehen sah.

Weihnachtsengelblonde Locken,
Bernsteinaugen, Erdbeermund –
Himmel, war ich von den Socken,
Dachte: Donnerwetter! und:

Wird das Schicksal uns vereinen?
Enden meine Seelenpein?
Süßer Blick! Er traf den meinen
Und du sprachst: »Was darf's denn sein?«

Wardst du meiner Liebe inne?
Ach, du lächeltest kokett!
Beinah schwanden mir die Sinne,
Doch ich sagte: »Zwiebelmett,

Hundert Gramm, und eine Schnitte
Leberkäs.« Das gabst du mir.
Und du sprachst: »Der Nächste bitte.«
Wortlos wankte ich zur Tür.

Später stand ich auf der Straße,
Regen wehte in mein Ohr,
Und mir kam in hohem Maße
Dieses Leben sinnlos vor.

Nächste Woche werd' ich's wagen;
Fragst du dann: »Was darf es sein?«
Werd' ich laut und deutlich sagen:
»Du, Geliebte, du allein!«

Neulich in Lehrte

Neulich, auf dem Hauptbahnhof von Lehrte,
Stand ich mit dem Koffer in der Hand,
Als mich eine höchst bemerkenswerte
Dame ansprach, die ich nicht verstand,
Denn sie sprach sehr leise. Jedenfalls
Fiel sie mir im Anschluss um den Hals.

Ja, sie fiel mir um den Hals und presste
Ihre Brüste, warm, melonenschwer,
Gegen meine Rippen, doch das Beste
Kommt erst noch, denn wie von ungefähr
Steckte sie, man stelle sich das vor,
Ihre Zunge in mein linkes Ohr.

Ihre langen, spitzen Fingernägel
Grub sie beiderseits in mein Gesäß;
Derlei ist in Lehrte nicht die Regel,
Wie mir schien; ich stutzte demgemäß.
Ja, ich stutzte, staunte gar nicht schlecht,
Dennoch war's mir – zugegeben – recht.

Was die Schöne noch mit ihren Brüsten,
Ihrer Zunge, ihren Fingern tat,
Ließe, lieber Leser, wenn Sie's wüssten,
Sie bestimmt erröten; daher hat
Dieser mein Bericht hier vorsorglich
Eine Lücke. Punkt. Gedankenstrich. –

Endlich hauchte sie: »Herr Doktor Schneider,
Dass ich Sie hier treffe, ist süperb!«
Ich gestand, ich sei nicht Schneider, leider –
Ihre Reaktion war ziemlich derb.
Sie erbleichte, fauchte wutentbrannt
»Scheiße!« sowie »Arschloch!« und entschwand.

Lange blieb ich reglos noch in Lehrte
Sinnend stehen an des Bahnsteigs Rand,
Nahm kaum wahr, dass Zug um Zug verkehrte,
Stand nur da, den Koffer in der Hand.
Als am Ende kalter Regen fiel,
Stieg ich in den ICE nach Kiel.

Bukolische Bagatellen 1

I

Der Liebesblick von Willibald
Nur seiner Freundin Lilly galt,
Wobei er keck die Brüste
Von Anneliese küsste.

II

Sibylle lebt mit Nikolaus,
Doch geht sie mit Enrico aus,
Und Kinder hat sie ferner
Von Detlef, Klaus und Werner.

III

Der Leo liebt den Theobald,
Doch diesen lässt der Leo kalt;
Er schwärmt von ganzer Seele
Für Gabriele.

IV

Ein Jüngling namens Giselher,
Der liebte einst ein Wiesel sehr;
Geschmäcker sind hienieden
Ja Gott sei Dank verschieden.

V

Der Ehemann von Edeltraut
Ein Loch ihr in den Schädel haut';
Zum Glück nur in Gedanken,
Als beide Kaffee tranken.

VI

Als jäh er ihr Trikot zerriss
Und sich in ihren Po verbiss,
Sprach Waltraud spitz zu Reiner:
»Sie sind mir aber einer!«

Bukolische Bagatellen 2

I

In Kiel gab eine Kielerin
Sich einem Kieler Spieler hin;
Erst später wurd' ihr klar es:
Er wollte nur ihr Bares.

II

In Prag gab eine Pragerin
Sich seufzend ihrem Schwager hin,
Jedoch erwies der Schwager
Sich nicht als großer Schlager.

III

In Bern gab eine Bernerin
Sich Walter oder Werner hin;
Sie konnte jene beiden
Des Nachts kaum unterscheiden.

IV

In Brühl gab eine Brühlerin
Sich ihrem Geigenschüler hin,
Der zwar nur mäßig geigte,
Doch sonst Begabung zeigte.

V

In Aix gab eine Aixerin
Sich einem alten Hexer hin;
Ihr Name war Sabinchen;
Jetzt ist sie ein Kaninchen.

VI

In Wien gab eine Wienerin
Sich einem Bernhardiner hin;
In Wahrheit war's ihr Gatte,
Der sich verkleidet hatte.

Frühstückssonett

Für Gretchen

Den Silberlöffel für die Marmelade.
Es riecht nach Butter, Käse und Omelett.
Das helle Knäckebrot ist alle. Schade.
Die Dusche rauscht. Wo ist bloß das Tablett?

Das Frühstück steht. Jetzt fehlt vor allen Dingen
Musik. Musik, mein Lebenselixier …
Ich drücke einen Knopf, und schon erklingen
Ein Waldhorn, eine Geige, ein Klavier.

Die Liebste kommt mit nassem Haar. Ich rühre
Ihr Milch in den Kaffee. Sie lächelt fein.
Dann streicht sie Hagebuttenkonfitüre

Auf einen Toast. Wir kauen, keiner spricht.
Die Geige singt, das Waldhorn fällt mit ein.
Der Silberlöffel glänzt im Morgenlicht.

Aus meinem Tagebuch oder Versuch, musikalische und erotische Erfahrung zusammenzudenken

Wir hörten etwas Hindemith,
Bevor ich in Dietlinde glitt.

Huldigungen und Kränze

Palmström, Korf und der Reim

Christian Morgenstern zum 100. Todestag

Palmström tanzt im Sommerregen
Mit der Nachbarstochter Tango,
Und er nennt sie »süße Mango«,
Freilich nur des Reimes wegen.

Ähnlich handelt auch v. Korf,
Wenn er eine Tüte Torf
Munter pfeifend in Bayreuth
Auf die Operngäste streut.

Palmström selber meint dazu
Jüngst in einem Interview,
Ihm sowie besonders Korfen
Werde häufig vorgeworfen,

Logik, Sinn, ja Menschenleben,
Selbst die eignen Eigenheime,
Ohne Hemmung preiszugeben,
Wenn es sich nur hinten reime.

Dies, so findet Palmström, sei
Alles Besserwisserei,
Und er eilt mit Korf von hinnen,
Neue Reime zu ersinnen.

Yippiiiiiih! Howgh.
Karl May zum 100. Todestag

Wir sind mit dir geritten
Durch Wald und Felsental;
Wir haben mitgelitten
Am schnöden Marterpfahl.

Wir jagten Bär und Bison
In Canyon und Prärie;
Man fühlt sich dabei wie so'n
Savannensohn. Yippiiiiiih!

Wir schlichen ungeheuer
Geräuschlos und versiert
Um fremde Lagerfeuer,
Dann war der Feind blamiert.

Du trugst mit kühner Geste
Stets Messer, Lasso, Colt
Und in der Lederweste
Ein deutsches Herz aus Gold.

Und wagte wer zu trutzen
Dir, dem Erzähler-Ich –
Ein Griff zum Henrystutzen,
Und schon besann er sich.

Kein Schurke war gewachsen
– ob Santer oder Schut –
Der Schmetterhand aus Sachsen
Und ihrem Edelmut.

Doch edel ohnegleichen
War noch ein andrer auch;
Das aber habt zum Zeichen:
Ein leiser Bronzehauch

Verklärte seine Züge
(Er sah verdammt gut aus);
Er wirkte stets, als flüge …
Äh … ritte er nach Haus.

Er pflegte nicht zu quatschen,
Mied Lärmen und Radau;
Der Häuptling der Apachen
Sprach allenfalls mal: »Howgh!«

Oh ja, er war ein Heros
Und fast so stark wie du:
Der Chef der Mescaleros,
Der stolze Winnetou.

Oh großer Spintisierer,
Oh Radebeuls Homer!
Dich lasen Volk und Führer,
Doch heute hast du's schwer:

Die Jugend liebt es flotter,
Sie schlürft den Zaubertrank
Des smarten Harry Potter;
Und du verstaubst im Schrank.

Waldmann unter dem Mond in Mainz

Ror Wolf zum 80.

Ein Mann erscheint, im Sommer, gegen sieben,
In Mailand oder sagen wir: in Mainz;
Er zeigt, so hat er selbst es mal beschrieben,
Ein leichtes Lächeln. Oder ist es keins?

Der Mann heißt Waldmann. Oder auch: Tranchierer.
Beziehungsweise: Wolf. Und manchmal: Q.
Und lebte er in Trier, dann wär' er Trierer,
Doch war er nie in Trier noch in Peru.

Hans Waldmann geht ein Stück, dann bleibt er stehen;
Ein Fräulein naht in Schlangenleder-Boots,
Und Waldmann zögert nicht, ihr nachzusehen,
Beschattet von der Krempe seines Huts.

Nun biegt er schlendernd um die nächste Ecke;
Der Mond steht fahl und fern am Firmament.
Mit klarem Ton und rhythmisch höchst stupend
Pfeift Waldmann *In a Mist* von Beiderbecke.

Ein Auto rast mit ca. 180
Auf Waldmann zu, ein Taubenschwarm entschwirrt;
Bei jedem, der es sieht, regt der Verdacht sich,
Dass dieser Vorfall ungut enden wird.

Zur selben Zeit, in Bremen an der Weser,
Erwürgt ein Fuchs ein altersschwaches Huhn;
Doch dies Ereignis hat, geneigter Leser,
Mit Waldmanns Fall so gut wie nichts zu tun.

Das Auto nähert sich in zwei Sekunden
Dem hutbedeckten Waldmann, streift ihn fast,
Biegt quietschend ab und ist im Nu verschwunden;
Der Mond steht unbewegt, doch er erblasst.

Auf einmal hört man – ob sie Waldmann gelten? –
Revolverschüsse krachen; aber wo
Der Schütze steckt – in welchen Unterwelten –,
Bleibt offen, seine Absicht sowieso.

Hans Waldmann, der nicht wankt noch fällt, noch blutet,
Scheint ungerührt von diesem Zwischenfall;
Jetzt zieht er rasch, das hat man nicht vermutet,
Aus seiner Manteltasche einen Ball.

Er tänzelt, dribbelt, schießt; der Ball steigt höher
Und höher – Richtung Mond. Dann ist er weg,
Doch Waldmann steht noch auf demselben Fleck;
In einer Tanne schimpft ein Eichelhäher.

Da steht er, Waldmann, Hans, dezent beschienen
Vom fernen, milden Licht des Monds in Mainz,
Dann geht er, kauft ein Kilo Klementinen
Und memoriert das kleine Einmaleins.

Sonett für F. W. Bernstein

Soll ich den Bernstein einem Elch vergleichen,
Der tief im Sumpf beziehungsweise Moor
Sein Haupt erhebt und brüllt zum Steinerweichen?
Ach nein, das kommt mir zu pathetisch vor.

Wenn ich ihn einen Haubenbären nennte –
Wär' das die Lösung? Oder einen Specht?
Am Ende bliebe noch die Zirbelente,
Ja, Zirbelente klingt fürwahr nicht schlecht.

Doch während ich ein Käsebrötchen spachtel',
Flankiert von einem Gläschen Slibowitz,
Erleuchtet jäh mich ein Erkenntnisblitz,

Und nunmehr seh' ich klar: Es ist die Wachtel,
Die Bernstein ähnelt, wenn auch nur entfernt.
Und wieder hast du, Leser, was gelernt.

Ein Tag im Leben des Harry Rowohlt

Demselben zum Siebzigsten

Ein Mann mit Namen Harry Ro-
wohlt lebte einst in Gütersloh …

Ach Quatsch! In Hamburg wohnt der Mann –
Ich fang' noch mal von vorne an:

In Hamburg-Eppendorf – na klar! –
Lebt Harry schon so manches Jahr.

Er hat kein Amt und kein' Verlach –
Was macht der bloß den ganzen Tach?

Schon früh um sechs, mit ernster Miene,
Sitzt Harry an der Schreibmaschine

Und übersetzt Schnurrpfeifereien
Des irren Iren Flann O'Brien.

Nach circa 48 Seiten
Legt Harry den Gebenedeiten

Beiseite, lutscht jedoch sofort
Rund fünf Kapitel Frank McCourt;

Drei Storys noch von Vonnegut,
Dann fühlt sich Harry etwas matt.

Er zieht ein Zigarettchen durch
Und schläft zwei Stunden wie ein Lurch.

Kaum aufgewacht, so gegen vier,
Wirft er paar Verse aufs Papier,

Die stehen später – kein dumm Tüch, Mann! –
An jeder Klowand und im Büchmann.

Doch halt, wir greifen schon voraus,
Denn jetzt geht Harry außer Haus,

Eilt, in Ermanglung eines Huts,
Mit Mütze und in Cowboy-Boots,

In die *Fabrik*, nach Altona;
Und wir, wir sitzen auch schon da

Und freuen uns und sind ganz Ohr,
Denn jetzt liest Harry uns was vor.

In Jeans und Boots und dunklem Shirt
Liest Harry Flann und Frank und Kurt,

Und dann liest er von Pooh, dem Bären,
Und wir, als ob wir Kinder wären,

Wir weinen, weil's so schön und wahr ist,
Und weil auf einmal alles klar ist,

Weil Harry so verdammt gut liest,
Und weil die Zeit so schnell verfließt,

Und weil wir alle bald nach Haus gehn,
Und weil mir gleich die Reime ausgehn,

Und weil die Welt vor allen Dingen …
Doch jetzt fängt Harry an zu singen;

Er brummt ganz ohne Gottvertrauen:
»Sstadt Hamburch an der Elbe Auen …«

Und geht. Wir denken kollektiv:
»So long, old Harry, hol di stief!«

Die Fernsehkommissarin
Widmungsblatt für Barbara Auer

Sie ist die schönste der Ermittlerinnen,
Die jemals Schurken jagten im TV;
Wen sie verhört, der wird ihr nicht entrinnen,
Sie lächelt bloß – schon kriegt er weiche Knie.

Sie klärt die schlimmsten Kriminaldelikte,
Selbst hoffnungslose, ganz und gar verzwickte,
Mit Scharfsinn, Charme und Auerscher Noblesse;
Sie hat was Holdes und Erhabenes.

Du schaust ihr zu und fühlst dich gleich verhaftet
Wie jener arme Schuft, der vor ihr hockt;
Er weiß – man sieht's ihm an –, er hat's verbockt;
Ob er wohl ihre Anmut nicht verkraftet?

Ihr Bernstein-Blick gleicht dem von Zauberfeen;
Sie sieht ihn an – und schon muss er gestehen.
Er schwitzt wie eine Bratwurst auf dem Grill
Und sagt ihr alles, was sie hören will.

Und sitzt er dann im finstersten der Löcher
Bei Brot und Wasser und verreckt beinah,
So träumt er dennoch stets und noch und nöcher
Von ihr, der holden, hehren Barbara.

Sagen und Geschichten

Die Vampirin

Ich traf sie im frostgrauen Januar
In jener gottverlassenen Bar

Des düsteren, alten Karpaten-Hotels,
Umragt von schroff gezacktem Fels.

Sie saß am Tresen, so schön und so bleich;
Ich war bezaubert und sagte gleich,

Ich wolle ihr einen Drink spendieren.
Sie dankte höflich, die schöne Vampirin,

Doch trinke sie niemals Bier noch Wein;
Dann lud sie mich lächelnd zum Bleiben ein.

Sie plauderte witzig, erzählte gewandt
Von Menschen und Zeiten; ich nahm ihre Hand

Und sah sie an und hörte ihr zu;
Das Radio spielte *One Night With You*.

Sie sprach von Elvis, sie sprach von Lennon,
Als würde sie beide persönlich kennen,

Und Jimi sei wirklich süß gewesen;
Es klang durchaus nicht wie angelesen.

Wir landeten später auf ihrem Zimmer,
In ihren Augen erschien ein Glimmer.

Sie küsste mich dahin, sie küsste mich hierhin,
Sie küsste gut, die schöne Vampirin.

Wir kosten und knutschten auf ihrer Couch,
Da biss sie zu, und ich rief: »Autsch!«

Sie lachte schallend und sagte kokett:
»Mein Tiger!« – dann warf sie mich aufs Bett.

Wir liebten uns lange, wir liebten uns wild,
Dabei hat sie ihren Durst gestillt.

Sie biss mich dahin, sie biss mich hierhin,
Sie biss sehr tief, die schöne Vampirin.

So flossen die Stunden bei Küssen und Bissen,
Wir rauften und schnauften, zerwühlten die Kissen,

Wir wussten nicht mehr, wer ist Mensch, wer Vampir;
Dann graute der Morgen, es ging auf vier.

Schon krähte ein Hahn und wieder einer;
Die Schöne sprach gähnend: »Mach's gut, mein Kleiner.«

Ich ging und fühlte mich schwach auf der Brust
Vor Liebe und auch vom Blutverlust.

Ich zählte die Narben am Hals und im Nacken,
Fand siebzehn allein auf den Hinterbacken.

Das Leben schlägt Wunden, das ist sein Metier,
Doch manchmal mischt es Wonne und Weh,

Und mischt es sie gut, dann sind die beiden
Am Ende verdammt schwer zu unterscheiden.

Geier in Laramie
Eine Wildwest-Ballade

Schier endlos dehnt sich die Prärie
Vom Pecos bis nach Laramie.

Die Stadt liegt still und staubig da,
Im Westen von Amerika,

Ein Rattennest, wie viele sind;
Durch seine Straßen pfeift der Wind.

Die Sonne steht schon ziemlich tief
Und taucht ein fernes Felsmassiv

In gleißend rot-oranges Licht,
Ein Panorama, das besticht.

Doch halt! Der Abendfrieden trügt,
Denn über dieser Landschaft liegt

Was Unheilvolles, Ungewisses …
Was Schicksalhaftes! Ja, das isses.

Drei Geier kreisen hoch im Äther;
Weshalb, erfahren wir erst später,

Und irgendwo heult ein Kojote,
Des Westens grauer Todesbote.

Wohl dem, der jetzt ein Blockhaus hat!
Ein Fremder reitet in die Stadt.

Man sieht an seinen grimmen Zügen:
Der sitzt bestimmt nicht zum Vergnügen

Im Sattel. Der hat noch was vor,
Der singt auch nicht im Kirchenchor,

Der hat schon manche Schlacht geschlagen,
Rasiert sich nur an Feiertagen,

Kennt keine Skrupel oder Zweifel
Und traut nur seiner alten Rifle;

Man ahnt, besonders wenn er lacht:
Der hat verdammt viel durchgemacht.

Fast hat er Laramie durchquert,
Da hält er an und steigt vom Pferd.

Er klopft den Staub sich von den Schuh'n,
Und dann betritt er den Saloon.

Es riecht nach Rauch, nach Schweiß und Bier,
Dazwischen klimpert ein Klavier.

Am Himmel zieht in alter Weise
Das Geiertrio seine Kreise.

Im Schankraum johlt die Gästeschar.
Der Fremde wendet sich zur Bar.

Dort stoppt er, reckt sich hühnenhaft
Und ordert einen Apfelsaft.

Sein Blick schweift prüfend durch den Saal.
Auf einmal wird sein Auge schmal:

Dort sitzt beim Poker der Verruchte,
Den er seit sieben Jahren suchte!

Der einst als Freund in seinem Haus
Gegangen munter ein und aus,

Der aber schon nach kurzer Frist,
Voll Habgier und voll Hinterlist,

In jener schwarzen Schreckensnacht
Ihn um sein ganzes Glück gebracht,

Sein Gold gestohlen und sein Vieh,
Die Nagelfeile samt Etui,

Das Teeservice, den Kontrabass,
Den Skatpokal, doch nicht nur das:

Der später völlig ungeniert
In seine Stiefel uriniert',

Mit roher Lust sein Weib genossen
Und dann den Papagei erschossen.

Er ist es: Jim! Ganz ohne Zweifel!
Der Fremde flüstert: »Geh zum Teufel!«

Als jener seinen Tisch erreicht,
Sieht Jim ihn an, erstarrt, erbleicht

Und krächzt mit schier gelähmter Zunge:
»Wie geht's dir, Johnny, alter Junge?«

»Du Hurensohn, wo ist mein Gold?«
Spricht Johnny dumpf und zieht den Colt.

Auch Jim will schnell zur Waffe greifen,
Als ihn bereits zwei Schüsse streifen.

Der erste, Jim erschrickt nicht wenig,
Durchlöchert seinen Karo-König.

Der zweite, Jim erschrickt noch mehr,
Entreißt ihm unsanft sein Gewehr.

»Jetzt schenk' dir einen Whisky ein«,
Knurrt John, »es wird dein letzter sein!«

Und zitternd trinkt der andre aus,
Dann folgt er Johnny aus dem Haus.

Ein jeder blickt ihm bänglich nach;
Drei Geier landen auf dem Dach.

Die Gäste sitzen kalt durchgraut,
Und keiner wagt nur einen Laut;

Denn jeder weiß, was kommen muss:
Wann fällt er, der finale Schuss?

Da hört man draußen lautes Lachen;
Was machen die denn jetzt für Sachen?

Nun öffnet sich die Türe weit:
Da sind sie wieder! Und zu zweit!

Die beiden haben sich vertragen!
Man staunt. Was soll man dazu sagen?

Die Freundschaft siegt! Es steigt der Mut.
Dann ist ja alles wieder gut.

Besonders Ben, der Kneipenwirt,
Ist hocherfreut und spricht gerührt:

»Ich hätte da noch eine Bitte,
Ich sei in eurer holden Mitte

Der Dritte. Wisst ihr, wie ich's meine?
Ich fühl' mich manchmal so alleine ...«

Der Rest ist Schweigen. Eine Faust
Ist hart ihm an den Kopf gesaust.

Dann wird gefeiert, dass es kracht.
Das wird noch eine lange Nacht ...

Drei Geier hört man krächzend klagen,
Sie fliegen heim mit leerem Magen.

Bollmann und Hagen

Bollmann sitzt heut' wieder mal
Spät in Inges Bierlokal.

Eben nimmt ein sprachgewandter,
Recht belesener Bekannter

Namens Hagen mit dem Satz
»Tag auch!« neben Bollmann Platz.

Bollmann trinkt und schweigt, doch Hagen
Steht der Sinn nach letzten Fragen.

»Ja, der Mensch …«, beginnt er heiser,
Und es folgt, ein wenig leiser:

»Liegt ein Sinn in seinem Hiersein?«
Bollmann schenkt sich noch ein Bier ein.

»Wer«, fragt Hagen unerbittlich,
»Handelt überhaupt noch sittlich?«

Bollmann schlürft das zwölfte Pils;
Hagen aber spricht: »Ich will's

Endlich wissen, will es raffen:
Sind wir Götter – oder Affen?«

Bollmann prüft des Bieres Schaum.
»Wo«, ruft Hagen in den Raum,

»Bleibt das Gute, Schöne, Wahre?«
Bollmann ordert rasch zwei Klare.

»Niemand«, so fährt Hagen fort,
»Hält sich an das Bibelwort,

Dass man lieben soll, nicht hassen.«
Bollmann eilt zum Wasserlassen.

Auf dem Rückweg winkt er Inge,
Dass sie noch zwei Helle bringe.

Hagen schreit: »Wir sind verdammt!
Sind verloren! Allesamt!

Abgetan! Auch ich! Auch du!«
Bollmann prostet stumm ihm zu.

Hagen klagt in mattem Ton:
»Ach, was sind wir Menschen schon!

Nur ein Windhauch allenfalls!«
Bollmann gießt sich in den Hals

Einen letzten halben Liter.
Hierauf brummt er: »Tschüss, Klaus-Dieter.«

Bollmann geht. Zum Abschied lallt er:
»War 'n netter Abend, Alter.

Tschau. Man sieht sich. Ab dafür.«
Schon wankt Bollmann aus der Tür.

(Vorher kneift er fachgemäß
Inge kräftig ins Gesäß.)

Still zurück mit seinen Fragen
Und der Zeche bleibt Freund Hagen.

König Gunthers Hochzeitsnacht

Herr Gunther steht im Badezimmer
Und pfeift ein Liebeslied;
Der König hat noch keinen Schimmer,
Was ihm heut blüht.

Seit fünf Uhr ist er Ehegatte,
Das Festmahl war um acht;
Er löst den Knoten der Krawatte,
Vom Turm schlägt's Mitternacht.

Er denkt an seine Braut, die wilde
Und schöne Königin.
Der König flüstert: »Oh Brunhilde,
Nu bist du mîn!«

Jetzt duschen, dann den Bart rasieren,
Wo ist das Deo-Spray?
Noch schnell ein Schnäpschen inhalieren –
Now come what may …

Er schlüpft in seinen Samtpyjama,
Zieht sich den Scheitel nach,
Und dann beginnt das Königsdrama:
Er tritt ins Schlafgemach.

Brunhilde ruht, die Stirn in Falten,
Auf weichem Bärenfell.
»Du schläfst?«, fragt Gunther ungehalten,
Doch sie erhebt sich schnell.

Da steht sie, stattlich, stolz und ohne
Ergebenheit im Blick:
Kein Täubchen – eine Amazone;
Er weicht ein Stück zurück.

»So lass uns pflegen denn der Minne«,
Spricht Gunther atemlos,
»Komm, zieh dich aus … in diesem Sinne,
Denn meine Lust ist groß.«

Doch Brunhilds Blicke sprühen Funken,
Die Locken lodern rot …
Halb ängstlich und halb liebestrunken
Naht zögernd der Despot.

Er will nach ihren Brüsten langen,
Die prangen opulent.
Schon hat er eine eingefangen,
Dass ihm die Wange brennt.

Der König sucht sich selbst zu pushen;
Er brüllt: »Du dummes Ding!

Du bist mein Weib! Du hast zu kuschen,
Und ich bin hier der King!«

Da packt sie den verblüfften Gunther
Und legt ihn übers Knie;
Dann zieht sie ihm die Hosen runter;
Ihm wird, er weiß nicht wie.

Und sein Gesäß, das weiche, bleiche,
Ragt schutzlos, nackt.
Schon fallen schallend ihre Streiche,
In raschem Takt.

Der Edle flucht und schimpft und hampelt
Auf ihrem Schoß;
Doch wie er sich auch wehrt und strampelt,
Sie lässt nicht los.

Hart fühlt er ihren Griff im Nacken –
Oh Schand' und Not!
Die königlichen Hinterbacken
Erglühen rot.

So geht die Hochzeitsnacht vonstatten,
Zum Schluss – oh Not und Schand'! –
Verschnürt die Braut den matten Gatten
Und hängt ihn an die Wand.

Da baumelt er am Kleiderhaken,
Derweil die Schöne lacht,
Dann bettet sie sich auf ihr Laken
Und wünscht ihm Gute Nacht.

Die Schmach, sie ist zum Haarausraufen,
Oh Herrscher von Burgund!
Der Abend ist nicht gut gelaufen;
Wohl gar ein Scheidungsgrund?

Doch Gunther wirkt nicht sehr verdrießlich,
Blickt eher heiter drein;
Erscheint sein Los ihm gar ersprießlich?
Was fällt dem König ein?

Hat ihm die unverhoffte Wende
Der Nacht gar Spaß gemacht?
Hat Brunhilds harte Hand am Ende
Geheime Lust entfacht?

Wir wissen nicht, was in der Seele
Des Königs vor sich ging;
Sein Fall ist ohne Parallele
Im Nibelungenring.

Neue Fragmente aus dem Alten Testament

I

Der Herrgott sprach am Sinai
In seiner Morgenpredigt:
»Seit Stunden juckt mein linkes Knie –
Ich bin total erledigt.«

II

Der König Salomo war reich,
So reich wie hundert Scheiche;
Doch bat ihn wer um Geld, sogleich
Schrie er erbleichend: »Weiche!«

III

Hoch oben auf dem Ararat,
Da liegen sechs Buletten;
Wer die da weggeschmissen hat,
Der ist nicht mehr zu retten.

IV

Als Noah wie ein Säugling schlief
Im Bauche seiner Arche,
War's Petz, der Bär, der fragend rief,
Wer da so gottlos schnarche?

V

Wenn ihr zu viele Krapfen fresst
(in üblem Fett gebackne),
Schickt euch der Herr die Beulenpest,
Zumindest fiese Akne.

VI

Wer laufend die Gebote bricht
Und so wie Lanz, Raab, Bohlen
Im Fernsehn nichts als Unsinn spricht,
Den wird der Teufel holen.

Bollmanns große Wut

Acht Uhr morgens. Bollmann starrt
Finster auf sein Frühstücksei.
Ist das Ei zu weich? Zu hart?
Letztlich scheint das einerlei.

Tief in Bollmanns Busen regt
Unverhofft sich dumpfe Wut,
Schwillt dann rasch und unentwegt
An. Das endet schwerlich gut.

Draußen blaut der junge Tag.
Bollmann sinnt nur auf Radau.
Wen sein Zorn wohl treffen mag?
Ha! Da kommt ja seine Frau!

Bollmann ruft gebieterisch:
»Hildegard, du bist ertappt!«
Heftig haut er auf den Tisch,
Dass der Kaffee überschwappt.

Bollmann atmet laut und schwer,
Denn sein Blutdruck steigt rasant;
Er zerdrückt ein Camembert-
Brötchen in der linken Hand.

Doch das alles reicht noch nicht;
Bollmanns Wut ist riesengroß.
Dunkelrot wird sein Gesicht,
Und nun legt er richtig los.

Bollmann brüllt: »Ich sag' dir was:
Hildegard, du bist verroht!«
Hierauf streicht er Ananas-
Konfitüre auf sein Brot.

»Dumme Pute!«, schimpft er laut,
»Schlange! Weibsstück! Eselin!«
Dann wird's still, denn Bollmann kaut
Eine Weile vor sich hin.

Später schreit er: »Sapperlot!
Bist du nicht mehr ganz gesund?«
Hierbei kommt ein Knäckebrot-
Krümelschwall aus seinem Mund.

Bollmann hat sich ausgetobt,
Blickt auf seine Armbanduhr,
Lehnt sich dann zurück und lobt
Schmunzelnd Hildegards Frisur.

Wenzel Wunderlichs Wanderungen

Ein Versepos in sechs Kapiteln

I

Für dich, oh Muse, singe ich
Das Lied von Wenzel Wunderlich,

Der tausend Frauenherzen brach
Und später … doch der Reihe nach.

Der Wenzel ist, wie sag' ich's nur,
Nicht eben stattlich von Statur;

Er misst eins einundsechzig knapp
Und hält sich außerdem so schlapp!

Vom Vielgenuss des Gerstensaftes
Hat er zudem was Kugelhaftes,

Sodass er oft erheblich schwitzt
Und nie ein Sakko richtig sitzt.

Auf Partys gar, bei Jux und Tanz,
Versprüht er wenig Eleganz;

Und sitzt man zum Disput beim Wein,
Fällt Wenzel meistens gar nichts ein.

Kurzum: Im menschlichen Verkehr
Macht Wenzel ziemlich wenig her;

Er ist kein Star und kein Magnat,
Er spielt nicht Golf, noch nicht mal Skat,

Er liest nicht Hölderlin noch Benn.
Da fragt man sich: Was kann er denn?

Nun, *eine* Gabe hat der Mann:
Er zieht die Frauen magisch an.

Wo immer Wenzel auch erscheint,
Die Schönen fühlen sich gemeint.

Sie sehen sich erkannt, verehrt,
Vom Öhrchen bis zum Zeh begehrt.

Und ob er auch beim Sport versagt,
Sein Tonfall, wenn er »Tachchen!« sagt,

Die Art, wie er sein Bierglas hält
Und über seine Füße fällt,

Entfesseln prompt Naturgewalten:
Die Damen sind nicht mehr zu halten.

Was dann geschieht – mit viel Bohei! –,
Erfahrt ihr in Kapitel zwei.

II

Die Frauen dieses Erdenballs,
Von neun bis neunzig jedenfalls,

Ob ledig oder auch gebunden,
Verfallen Wenzel in Sekunden.

Ihr Blick wird starr, geht er vorbei,
In London, Flensburg und Schanghai;

Sie atmen schneller, grüßt er keck,
In Graz, Paris und Schmalenbeck;

Sie geben sich noch etwas cool
In Delmenhorst und Liverpool.

Sie reden gleich von Lust und Sünde
In Cannes, Madrid und Peenemünde;

Sie streichen sanft ihm übers Haar
In München und in Sansibar;

Sie wollen ihn auch sonst berühren
In Wien, Athen und Ibbenbüren;

Sie werden ziemlich offensiv
In Hildesheim und Tel Aviv;

Sie lassen alle Hüllen fallen
In Rom, Chicago und St. Gallen;

Sie bitten ihn, sie gleich zu nehmen,
Am Südpol und speziell in Bremen;

Sie flüstern selig: »Mach's noch mal!«
In Moskau, York und Emmental;

Sie schreiben ihm: »Oh, komm zurück!«
Aus Tunis, Prag und Osnabrück.

Und die Details der Ferkelei
Erfahrt ihr in Kapitel drei.

III

Der Wenzel – wie gebenedeit –
Erfreut global die Weiblichkeit;

Er ist zur Liebe schlicht begabt,
Und wer ihn liebt, hat Glück gehabt,

Auch wenn er anderntags zumeist
Per Intercity weiterreist.

Die Frauen mögen ihn nun mal,
Und zwar in ungeheurer Zahl.

Ob in der Stadt, ob auf dem Land,
Im Fahrstuhl, an der Sprossenwand,

Im Nobelviertel, auf dem Kiez,
Sie sehen ihn, und schon geschieht's:

Vom Backfisch bis zur Pensionärin
Wird jedes Weib zur wilden Bärin,

Die sich nach seinem Leib verzehrt;
Ich finde, das ist auch was wert.

Sein Anblick macht die Frauen glühen,
Es drängt sie dann, ihn auszuziehen,

An seinem Achselhaar zu reißen,
In seinen großen Zeh zu beißen,

Die Zunge in sein Ohr zu stecken,
Den Bettvorleger zu beflecken,

Sich fast die Glieder auszurenken,
Den Rest mag jeder selbst sich denken.

Und Wenzel, Muster eines Herrn,
Erfüllt die Damenwünsche gern.

Wie's dabei zugeht, lest ihr hier,
Im Anschluss, in Kapitel vier.

IV

Recht früh erkannte Wunderlich:
»Mir scheint, die Frauen mögen mich!«

Und später sprach er: »Holdrio!
Ich mag die Frauen ebenso!«

Er hat seitdem mit Herz und Hand
Der Damenwelt sich zugewandt;

In Kapstadt, Kiel, auf den Seychellen,
Im Urwald, in den Nordseewellen.

Selbst Bielefeld war diesbezüglich
Für ihn schon mehrfach recht vergnüglich;

In Warschau, Emden und Bordeaux
Erging's ihm freilich ebenso.

Wir können von den vielen Damen,
Die mit der Zeit zusammenkamen,

Den blonden, braunen, dicken, dünnen,
Den Täubchen und den Tigerinnen,

Den sanften und den ziemlich kessen
Aus Schweden, Ungarn, Oberhessen,

Den schlichten wie auch den mondänen,
Nur eine Auswahl hier erwähnen.

Wie soll bei all den Weiblichkeiten,
Die Wenzels Lebenslauf begleiten,

Den Liebchen, Schätzchen, Darlings, Gspusis,
Den Gabis, Heikes, Olgas, Susis,

Den jungen, reiferen und alten,
Man sonst den Überblick behalten?

Die Auswahl folgt im ganz schön bunten
Kapitel fünf hier weiter unten.

V

Im Freibad von Bad Oldesloe
Trank Wenzel einen Piccolo

Mit Lynn und Lou, zwei anschmiegsamen
Und wenig monogamen Damen.

In Büsum sprach den Fahrensmann
Die blonde Friesin Wiebke an;

Sie fragte, ob er eine Scholle
Im »Deichgraf« mit ihr essen wolle.

Sehr schön war's auch in Gars am Inn
Mit Liz, der Kugelstoßerin;

Er ruhte gerne mit dem Nacken
Auf ihren stolzen Hinterbacken.

Dann war da noch die leicht kokette
Brünette Kölnerin Anette;

Sie hatte rührend süße Füße
Und schickt noch heute Weihnachtsgrüße.

Für Grit begann im schönen Bingen
Er gleich, die *Lorelei* zu singen

Beim Rheinwein unter grünen Eichen;
So konnte er ihr Herz erweichen.

Im Freudenhaus von Duderstadt
Kriegt Wenzel lebenslang Rabatt,

Weil sich die Mädchen danach recken,
Von Kopf bis Fuß ihn abzulecken.

Im Dünensand der Insel Juist
Hat Wenzel sich die Zeit versüßt

Mit einem Schwesternpaar aus Gießen,
Doch weiß er nicht mehr, wie sie hießen.

Die kleine Maike aus Westfalen
Bat Wenzeln, ihr ein Pferd zu malen;

Er schuf sogleich – zu Maikes Freude –
Ein Rossporträt in Wachsmalkreide.

Dann gab's noch die Affäre mit
Der Gattin von Professor Schmidt

Aus Marburg, der das nicht goutierte
Und Wenzeln exmatrikulierte.

In Hamburg ließ er sich verhauen
Von sieben strengen Stiefelfrauen;

Was ihm gefiel. Das ist kein Witz!
Die Stiefel glänzten wie Lakritz.

Mit Kim aus Bonn war wenig los;
Beim Anblick ihres schönen Pos

Ward Wenzel freilich impulsiv,
Worauf sie schrill »Sie Ferkel!« rief.

So trieb und treibt er's mancherorts,
Doch jetzt ist Ende des Reports.

VI

Der Wenzel hat, wie angedeutet,
Die Damen niemals kalt erbeutet;

Er liebt sie halt – und umgekehrt,
Das klingt durchaus beneidenswert,

Doch manchmal wird das Liebesspiel
Selbst ihm, dem Frauenfreund, zu viel.

Denn ob in Pittsburgh, ob in Peine,
Sie wollen immer nur das eine,

Sodass er in Paris und Leer
Mitunter spricht: »Ich kann nicht mehr!«

Er fährt nach Haus – und zwar allein,
Pfeift sich so vier, fünf Bierchen rein,

Die Füße hoch, die Glotze an,
Guckt *Tatort*, *Jauch*, und irgendwann

Bei *Lanz* ereilt ihn süßer Schlaf,
Und damit schließt der Biograf.

Verzeichnis der *Gedichttitel* und Gedichtanfänge

Umschlag: Michael Sowa
Typografie + Satz: Schuster & Junge, München
Druck und Bindung: Pustet, Regensburg
ISBN 978-3-95614-093-8